COMO ORAR POR TUS SERES QUERIDOS

Kathy Casto

ISBN 978-1-879545-11-3 EDICION REVISADA

Copyright © 2019 by Kathy Casto

Todos los derechos reservados

Impreso en los Estados Unidos de América

Publicado por His Way Prayer Publications

P. O. Box 762

Jamul, CA 91935

A menos que se indique lo contrario, todos los versos de la Escritura han sido tomados de la versión Reina Valera 1960 de la Biblia.

Todas las citas marcadas NIV han sido tomadas de la Nueva Versión Internacional de la Biblia. Copyright © 1978 por New York International Bible Society. Usado bajo permiso.

Dedicatoria

A mi esposo y dos hijos - fue a través de sus problemas que yo me volví más fuerte. Fue por causa de sus problemas que yo corrí al Señor por ayuda, y Él me enseñó COMO ORAR *por mis seres queridos.*

Contenido

Prefacio 1

La Calma Antes de la Tormenta 3

En Medio de la Tormenta 7

Las Armas de Nuestra Milicia 15

Libertad 29

¿Cómo orar por ti mismo? 33

¿Cómo orar por tu esposo? 35

¿Cómo orar por tu esposa? 41

¿Cómo orar por tus hijos? 45

La Oración del Padre Nuestro para los Hijos 51

¿Cómo orar por tus padres? 59

¿Cómo orar por tu Pastor? 65

¿Cómo orar por tu Nación? 67

¿Cómo orar por tus seres queridos no salvos? 71

¿Cómo orar por sanidad? 75

¿Cómo orar por conflictos mentales? 77

¿Cómo orar sobre tus finanzas? 79

Presenta tus peticiones a Dios 83

Lista de Lecturas Referenciadas 85

Resumen del libro: Para medios y sitios web 87

Un pensamiento final: 89

Biografía de Kathy Casto 91

Prefacio

Hay muchos libros excelentes que podemos leer acerca de la Oración (consulta la lista de Literatura Recomendada en la página 86); sin embargo, no aprenderás a orar efectivamente, sino hasta que en realidad empieces a orar. La intención principal al escribir este libro es proporcionarte una "herramienta" que te ayude en tus tiempos de oración. A través de este material aprenderás no solo la importancia de declarar la Palabra sobre los problemas y circunstancias que enfrentas día con día, sino también cómo orar conforme a la Palabra por tu esposo, tu esposa, tus hijos, tus seres queridos no salvos, tu pastor y tu nación.

No tienes por qué luchar en una continua lluvia de reveses financieros, dolencias físicas, y explosiones familiares. Puedes levantarte en el poderoso nombre de Jesús y dispersar las fuerzas del enemigo que han señalado tu vida para destruirla:

"*Bríndanos tu ayuda contra el enemigo*, pues de nada sirve la ayuda humana. *Con Dios* obtendremos la victoria; ¡*Él pisoteará a nuestros enemigos!*" (Salmos 60:11, 12 NVI) [Énfasis mío]

"Tú, Oh Dios, eres mi rey; *manda salvación* a Jacob (nosotros). *Por medio de ti* sacudiremos a nuestros enemigos; *en Tu nombre* hollaremos a nuestros adversarios." (salmos 44:4, 5) [Énfasis mío]

Mi oración es que al estudiar este material recibas los deseos de tu corazón para cada uno de tus seres queridos. Tus familiares vendrán a ser como los santos hombres de la antigüedad *"quienes siendo débiles, fueron hechos fuertes, se hicieron poderosos en la guerra, pusieron en fuga a los ejércitos extranjeros."* (Hebreos 11:34 NVI)

Que tus oídos se sensibilicen a la voz del Espíritu Santo mientras fijas tu curso para seguirle en oración; y puedas alejar a muchos de las trampas de la muerte mientras bebes profundamente de la "fuente de vida" que encontramos en las enseñanzas de los sabios. (Proverbios 13:14 NVI)

La Calma Antes de la Tormenta

La Casa que Kathy Edificó

Durante muchos años, llevé una vida relativamente libre de problemas con pequeños asuntos del día a día como hacer que el presupuesto rindiera, un desacuerdo ocasional con mi esposo y algunos moretones en las rodillas de mi hija pequeña. Después de los primeros años de ajuste mutuo y las demandas del ministerio (o más bien debería decir, aprender a someterme a mi esposo), nuestro matrimonio se hizo fuerte y disfrutamos trabajando juntos.

Yo pensé que estaba siendo la mujer sabia de Proverbios 14:1 que *"edifica su casa."* Después de todo, ya no discutía con mi esposo, ni lo criticaba de la misma manera que lo hice durante los primeros cinco años de nuestro matrimonio por todo lo que intentaba hacer. Por el contrario, aprendí a tocar el piano, asistí a todas las actividades, reuniones, consejerías, retiros programados en el calendario, y abrí nuestra casa para cenas, reuniones de oración, ensayos musicales y oradores invitados. Sonreía, siempre me sentaba en la primera fila y era buena para mantener la boca cerrada. *"Hasta un necio pasa por sabio si guarda silencio; se le considera prudente si cierra la boca."* (Proverbios 17:28 NVI)

Funcionó muy bien por un tiempo. Todos pensaban que yo era la perfecta esposa del pastor; todos, excepto yo. En el fondo yo sabía que el Señor quería algo más de mí más allá de mis mejores esfuerzos, o incluso mis talentos y habilidades. El Señor me quería a mí. Él quería una relación cercana e íntima para la cual nunca me había tomado el "tiempo" de desarrollar. Quería que caminara espiritualmente junto a mi esposo. Siempre tuve la imagen mental de John y yo pasando por la vida con él flotando a unos tres metros sobre mi cabeza mientras caminaba por la tierra. No dejaba de pensar que si ambos fuéramos "de mente celestial", ¿acaso seríamos buenos "terrenales"? ¿Quién crees que inspiraba en mí esta línea de pensamiento?

salmos 127:1 (NVI) dice, "Si el Señor no edifica la casa, en vano se esfuerzan los albañiles. Si el Señor no cuida la ciudad, en vano hacen guardia los vigilantes."

Aunque estaba construyendo lo mejor que podía, estaba construyendo con mis propias fuerzas. No estaba permitiendo que el Señor construyera a través de mí. No me di cuenta de lo peligroso que era esto para nuestra familia y ministerio o lo ignorante que era para las estrategias que el enemigo estaba tejiendo en contra de nosotros hasta que se lanzó el ataque. Satanás golpeó sistemáticamente a cada miembro de nuestra pequeña familia y a cada área de nuestras vidas, física, espiritual y económicamente.

¿Recuerdas la expresión, "cuando llueve, llueve"? Siempre escuché esta expresión en el contexto de muchos problemas que se vierten en nuestra vida de una sola vez. Este es un ejemplo perfecto de lo que está sucediendo en el reino espiritual cuando Satanás se determina a ir en contra de ti y tu familia. Él es *"como un león rugiente buscando a quien devorar"* (I Pedro 5:8 NVI). El destruirá tu salud, tus finanzas, tu familia, tu matrimonio y cada aspecto de tu vida que le sea posible. No te dejes engañar ni sorprender por la "calma antes de la tormenta".

En Medio de la Tormenta

Los Vientos de Cambio Comienzan a Soplar

Las tormentas comenzaron a soplar en nuestras vidas el año en que nació nuestra segunda hija. Mi esposo se sintió extremadamente frustrado en el ministerio, decepcionado con nuestra denominación y desanimado con ciertos problemas físicos. El año en que nuestro hija mayor de cuatro años entró al jardín de infantes, nuestra bebé comenzó a desarrollar una infección en el oído tras otra, lo que le causó horas de dolor y noches de insomnio a todos los demás. No hubo curas médicas para nuestros problemas físicos, solo teorías vagas y esperanzas fugaces. Parecía que cuanto más nos acercamos al Señor, peor era nuestra situación.

Fue durante estos días de desesperación que empecé a escuchar en mi espíritu, "Si tú no oras por tu esposo, ¿Quién lo hará?" "Si tú no oras por tus hijos ¿Quién lo hará?" La siguiente pregunta no pareció inusual, ya que en ese tiempo vivíamos a las afueras de Washington, D.C.: "Si tú no oras por tu nación, sus abogados, sus jueces y sus líderes ¿Quién lo hará?"

El Señor estaba permitiendo que la capa de madurez y responsabilidad cayera sobre mis hombros. Comencé a darme cuenta de que somos responsables de nuestra generación y del tiempo y lugar que se nos ha dado para vivir nuestros días en la tierra.

"...Tú eres mi Dios. Mi vida entera está en tus manos..." (salmo 31:14 [b], 15 [a] NVI)

"...y determinó los periodos de su historia y *las fronteras de sus territorios*. Esto lo hizo Dios para que todos lo busquen y, aunque sea a tientas, lo encuentren. En verdad, él no está lejos de ninguno de nosotros," (hechos 17:26 [b] y 27 NVI)

Mientras oraba por mi familia y le pedía al Señor que construyera a través de mí, me di cuenta de que no tenía las "herramientas" adecuadas para construir una casa fuerte. Todas las actividades y ministerios en los que estuve involucrada durante muchos años no me habían preparado espiritualmente para las tormentas que azotaban nuestras vidas. En este punto no entendía que las tormentas fueron causadas por los poderes de la oscuridad decididos a destruirnos, y ciertamente no sabía cómo luchar en contra del reino de las tinieblas.

¡Poderes de la oscuridad! ¿Te refieres a que los reveses financieros, enfermedades, ascensos o pérdidas laborales, y los problemas familiares podrían verse influenciados por el reino espiritual? Lee las palabras de Pablo y juzga por ti mismo:

"Por último, fortalézcanse con el gran poder del Señor. Pónganse toda la armadura de Dios *para que puedan hacer frente a todas las artimañas del diablo*. Porque nuestra lucha no es contra seres humanos, sino contra poderes, contra autoridades, contra potestades que dominan este mundo de tinieblas, contra fuerzas espirituales malignas en las regiones celestiales." (Efesios 6:10-12 NVI) [Énfasis mío]

Las Herramientas para Construir Su Casa

A medida que seguía respondiendo a los impulsos del Espíritu para buscar al Señor diariamente en nombre de mi familia, me sentí muy frustrada. Sabía que el Señor me estaba pidiendo que pasara una hora en oración con Él, pero después de quince minutos, estaba perdida. Me obligaba a mí misma a permanecer allí una hora, pero sentía que estaba vagando sin rumbo durante mi tiempo de oración sin sentido de dirección y ciertamente sin "herramientas" en la mano.

Sin embargo, el Señor escuchó el clamor de mi corazón y comenzó a enviarme las respuestas tal como dice Jeremías 33: 3 (NVI):

"Clama a mí y te responderé, y te daré a conocer cosas grandes y ocultas que tú no sabes."

Curiosamente, poco después de esa oración por ayuda, recibí una copia de la enseñanza de oración del Dr. Larry Lea por correo y supe que había recibido "maná del cielo". Después de escuchar este patrón basado en Mateo 6, no tuve dificultad en pasar una hora en oración mientras seguía el bosquejo. Sin embargo, comencé a sentirme extraña porque me fui a la cama temprano para levantarme temprano para orar. No conocía a nadie más que hiciera tal cosa.

La mano de Dios estaba organizando los eventos en torno a nuestras vidas y trajo a quien en ese momento era el líder mundial de oración a nuestra área –El Dr. Paul Yonggi Cho, pastor de la Iglesia más grande con más de 800,000 miembros en Seúl, Corea. En esa reunión el hizo una declaración que cambió mi vida. El Dr. Cho dijo: "La cultura estadounidense no está orientada a la oración matutina. Para establecerte en la oración, tendrás que cambiar tu estilo de vida. Tu día tendrá que comenzar y terminar antes". Eso fue todo lo que necesitaba para seguir el curso que había elegido para encontrar las respuestas a nuestros problemas.

La **primera herramienta**, entonces, es la oración diaria y consistente a través de un esquema sistemático, preferentemente la Oración que Jesús enseñó a sus discípulos.

Pronto descubrí que la **segunda herramienta**, era la Palabra de Dios. No solo una lectura diaria de un par de capítulos para cumplir con nuestro deber cristiano, sino un tiempo íntimo y de calidad en la Palabra. Un tiempo en el que le pides al Señor "ábreme los ojos, para que contemple las maravillas de tu ley" (salmo 119:18 NVI) y *"hazme entender, y aprenderé tus mandamientos"* (salmos 119:73).

El Dr. Cho dice que "algo sobrenatural" ocurre cuando oras una hora. El Dr. Larry Lea dice que "algo especial" sucede cuando oras una hora diaria y tomas tiempo para estudiar Su Palabra. He descubierto que los oídos se sensibilizan con la voz del *Pastor*. Tu "escuchas" Su voz a medida que lees cada día la Palabra. Tu "escuchas" Su voz en la voz de tu pastor o maestros. Tu "escuchas" el llanto del corazón detrás de las palabras habladas de tus hijos o esposo. También reconocerás al instante cuando una voz es contraria a la Palabra:

"Mis ovejas oyen mi voz, y yo las conozco, y me siguen" (Juan 10:27)

"... (El Buen Pastor) va delante de ellas, y las ovejas lo siguen porque reconocen Su voz. Pero a un desconocido jamás lo siguen; más bien huyen de él porque no reconocen voces extrañas." (JUAN 10:4, 5 NVI)

Tus ojos comenzarán a ver la vida a través de los ojos del Espíritu en lugar del desilusionado mundo de fantasía de los cineastas o las desafortunadas cicatrices del abuso físico o emocional, las relaciones rotas y los sueños destrozados. Comenzarás a comprender cómo nuestro Padre trata con el hombre, que Él hace que todo suceda para tu favor, y que tiene el poder de cambiar lo que el enemigo ha planeado para tu mal en algo bueno para tu vida.

Tu boca se convertirá en una fuente de vida para que la Palabra fluya dentro de ti cada mañana o tarde mientras te "alimentas" en Sus verdes pastos (PROVERBIOS 10:11). Hablarás vida en vez de muerte; tu lengua será como plata escogida (PROVERBIOS 10:20); y tus labios nutrirán a muchos (PROVERBIOS 10:21).

Me gustaría animarte a que comiences a leer un Proverbio y cinco Salmos cada día para obtener sabiduría y aliento. Después de que te hayas acostumbrado a este horario y comiences a desear más de la lectura de la Palabra, puedes comenzar con un enfoque sistemático para leer la Biblia periódicamente. En lo personal disfruto mucho de los Salmos y Proverbios cada mañana, además de cinco capítulos del Antiguo Testamento y tres del Nuevo Testamento. Esta rutina me permite leer la Biblia tres veces al año.

El siguiente horario de lectura te ayudará a determinar cuánto leer diariamente para lograr tus metas para el año. Además de la lectura diaria en Proverbios y Salmos, puedes añadir:

3 capítulos para leer la Biblia en un año;

5 1/2 capítulos para leer la Biblia en 6 meses;

8 capítulos para leer la Biblia en 4 meses;

11 capítulos para leer la Biblia cada 3 meses;

16 capítulos para leer la Biblia cada 2 meses;

33 capítulos para leer la Biblia en 1 mes.

A medida que comienzas a saturar tu ser con la Palabra de Dios, el Espíritu te pedirá que ores escrituras específicas sobre tus problemas.

Esto nos lleva a nuestra **tercera herramienta**, un cuaderno de oración. Este libro es en realidad tu "Cuaderno de oración para principiantes". Así como un músico comienza en el nivel de principiante o un niño aprende a leer con materiales de jardín de infantes, este libro es tu punto de partida.

Verás muchas oraciones contestadas mientras oras las escrituras compiladas bajo los diferentes títulos; sin embargo, a medida que adquieras habilidad para usar la Palabra y "escuchar" lo que el Espíritu te dice acerca de tu familia, comenzarás a usar tus propias escrituras para las diferentes circunstancias que surgirán en tu vida. No enfrentarás los mismos problemas el próximo año, ya que aprenderás a vencer a través de la sangre del Cordero y la palabra de tu testimonio (APOCALIPSIS 12:11). Tu vida de oración y tu cuaderno de oración crecerán y se expandirán a medida que expulses al enemigo de las diferentes áreas de tu vida y aprendas a poseer la tierra que el Señor te ha dado como herencia.

Las Armas de Nuestra Milicia

Hemos estado examinando las herramientas que necesitamos para edificar una casa fuerte:

(1) Oración diaria consistente siguiendo un patrón sistemático;

(2) La Palabra de Dios;

(3) Un cuaderno de Oración.

¿Te das cuenta de lo rápido que las herramientas para construir una casa fuerte se convierten en "armas de guerra" a medida que nos convertimos en obreros calificados? Esto me recuerda el pasaje en Joel 3:10 donde los guerreros convirtieron sus arados en espadas y sus hoces en lanzas. En tiempos de guerra, debemos recoger nuestras espadas para la batalla: *"Diga el débil: ¡Fuerte Soy!"* (JOEL 3:10 NVI). Lee las palabras de David:

"¿Has visto a alguien diligente en su trabajo? Se codeará con reyes, y nunca será un don nadie." (PROVERBIOS 22:29 NVI)

La fidelidad en las cosas pequeñas (tus primeras responsabilidades en el hogar o en el trabajo) te prepara para gobernar sobre muchas cosas (MATEO 25:21) incluyendo el poder de las tinieblas (LUCAS 10:19). Te convertirás en un poderoso guerrero en el ejército del Señor. Las victorias de David sobre el león y el oso lo prepararon para la gran batalla en contra de Goliat, la cual le llevó al servicio del rey, la familia del rey, y eventualmente al trono del rey.

Visión de una Guerrera

Cuando comencé a orar por medio de la Oración del Padre Nuestro y a ponerme la armadura todos los días, tuve la visión de una mujer guerrera. Sabía que el Señor me estaba mostrando una imagen de mi estado espiritual. ¡El único problema con la guerrera era que estaba recostada en un carro de guerra dormida! No era consciente de que una peligrosa batalla se estaba librando a mí alrededor. Cuando comencé a reconocer la fuente de mis problemas en los meses siguientes, vi a la guerrera sentarse y, en unos meses más, ponerse de pie. Sin embargo, todavía no estaba lista para la batalla, ya que mi espada y mi escudo colgaban sueltos a mis costados.

Después de que nuestra familia se mudó a Rockwall, la esposa de un líder en La Iglesia sobre la Roca nos animó a orar la Palabra de Dios sobre nuestros esposos. Ella dijo: "Siempre puedes orar que la voluntad de Dios sea hecha si oras conforme a la Palabra de Dios". Cuando escuché esas palabras, una luz de comprensión inundó mi espíritu. Toda mi vida de oración comenzó a cambiar. ¡No queriendo limitar esta verdad solo al orar por mi esposo, comencé a declarar la Palabra de Dios sobre mis hijas, mi familia, nuestras finanzas, todo! Si la Palabra de Dios era la voluntad de Dios para nuestras vidas, ya no tenía que luchar con la duda y la confusión con respecto a la voluntad de Dios.

Cuando comencé a soltar la Palabra a lo largo de la oración del Padre Nuestro, comencé a ver todas las fortalezas que el enemigo había mantenido durante tanto tiempo en nuestras vidas. Nuestras armas son poderosas para derribar fortalezas. (2 CORINTIOS 10:4)

En unos pocos meses las alergias severas de nuestra hija menor disminuyeron; y mi esposo se transformó ante mis ojos en un hombre de oración fuerte y poderoso, decidido a cumplir el propósito de Dios en su vida.

¿Te imaginas cómo se veía la guerrera la siguiente vez que la vi? Tenía la postura de una guerrera, los pies ligeramente separados, las rodillas dobladas y lista para entrar en acción. La espada y el escudo se mantuvieron en posición, y curiosamente, había pequeños círculos oscuros alrededor de sus pies. Cuando le pregunté al Señor qué eran, Él me recordó todas las batallas que había estado luchando por mi familia en oración. Cada flecha encendida había sido lanzada hacia nosotros con un objetivo específico a la vista del enemigo: la salud de mi bebé, el llamado de mi esposo e incluso nuestro matrimonio. Sin embargo, ¡por cada asalto ardiente, el escudo había apagado las llamas y la espada había arrojado al devorador debajo de mis pies! ¡Aleluya!

La Espada del Espíritu

Me gustaría compartir con ustedes las Escrituras que el Señor usó para llamar mi atención para confirmar el uso de la Palabra en mi vida de oración.

En el capítulo 4 de Mateo, encontramos que *"Jesús fue llevado por el Espíritu al desierto, para ser tentado por el diablo"* (MATEO 4:1). Esto fue inmediatamente después de haber sido bautizado por Juan, y que el Espíritu descendió sobre de Él como paloma, y justamente antes del lanzamiento público de Su ministerio. Fue durante ese tiempo de transición que el enemigo tentó a Jesús. Demos un breve vistazo a las respuestas de Jesús a los argumentos del diablo. En cada ocasión Jesús respondió citando la **Palabra.**

Ahí no hubo argumentos, discusiones o debates – solo la simple y pura *Palabra de Dios*.

Jesús respondió, "**Escrito está**: 'No solo de pan vive el hombre, sino de toda **palabra** que sale de la boca de Dios.'" (MATEO 4:4 NVI) [Énfasis mío]

Jesús le respondió, "**También está escrito**: 'No pongas a prueba al Señor tu Dios.'" (MATEO 4:7 NVI) [Énfasis mío]

Jesús le dijo, "¡Apártate de mí Satanás! **Porque escrito está:** 'Al Señor tu Dios adorarás, y sólo a Él servirás.'" (MATEO 4:10 NVI) [Énfasis mío]

En el libro de Apocalipsis, encontramos que Jesús usará la misma estrategia en contra de Satanás cuando Él regrese:

"...y de su boca salía una aguda espada de dos filos." (APOCALIPSIS 1:16 NVI)

"...iré pronto a ti para pelear contra ellos con la espada que sale de mi boca." (APOCALIPSIS 2:16 NVI)

"De su boca sale una espada afilada, con la que herirá a las naciones." (APOCALIPSIS 19:15 NVI)

Si la Palabra fue la respuesta de Jesús a las tentaciones del enemigo en el desierto y será Su estrategia cuando regrese, ¿no deberíamos aprender de Su ejemplo y tomar la espada para luchar?

Examinemos por un momento la armadura en Efesios 6. La única arma ofensiva en la armadura es *"la espada del Espíritu, que es la palabra de Dios"*. El resto de la armadura es defensiva. Por supuesto, todas las piezas de la armadura son importantes: no puedes ir a la batalla sin tu cubierta protectora. Sin embargo, si nunca usas tu espada contra el enemigo, él nunca será derrotado. Él te atacará a ti, a tus seres queridos, a tus finanzas, y cada área de tu vida hasta que finalmente te rindas, culpes a Dios y te apartes de Él. ¡Satanás es el maestro engañador!

Por otro lado, en el momento en que recoges tu espada para luchar, el enemigo tiembla. No puede oponerse a la Palabra de Dios. Lee las siguientes promesas:

"así es también la palabra que sale de mi boca: No volverá a mi vacía, sino que hará lo que yo deseo y cumplirá con mis propósitos." (ISAÍAS 55:11 NVI)

"Envía su palabra a la tierra; su palabra corre a toda prisa." (SALMO 147:15 NVI)

"Ellos lo han vencido por medio de la sangre del Cordero y por el mensaje del cual dieron testimonio." (APOCALIPSIS 12:11 NVI)

"Tu palabra, Señor, es eterna y está firme en los cielos." (SALMO 119:89 NVI)

"Alaben al Señor, ustedes sus ángeles, paladines que ejecutan su palabra y obedecen su mandato." (SALMO 103:20 NVI)

La Palabra de Dios, es la voluntad de Dios para tu vida. ¡La voluntad de Dios no es que estés enfermo, deprimido, desanimado, arruinado financieramente, o loco por tu familia! Deja que la promesa fundamentada en 1 John 5:14 (NVI) penetre en tu espíritu:

"Esta es la confianza que tenemos al acercarnos a Dios: que, si pedimos conforme a su voluntad, él nos oye. Y, si sabemos que Dios oye todas nuestras oraciones, – cualquier cosa que pidamos - podemos estar seguros de que ya tenemos lo que le hemos pedido."

Para cualquier problema que enfrentes, el Señor tiene la respuesta en Su Palabra para ti. Mi pastor, Dr. Larry Lea (autor de *¿No Pudiste Quedarte Una Hora?*), dijo, "Enfócate en la promesa, no en el problema." La manera que el Señor me ha enseñado a orar es declarando una lectura o lecturas específicas sobre cada problema que enfrentamos en nuestra familia, iglesia, nación o en el campo misionero.

He incluido muchas de las escrituras que uso en diferentes situaciones en la última parte de este libro. De hecho, estas escrituras particulares son la razón de este libro. Quería compartir lo que he aprendido en mi lugar de oración para que todos, que lean esto y lo implementen en sus vidas de oración, se fortalezcan a medida que aprendan a usar la Palabra como una espada contra el enemigo. Permíteme darte un breve ejemplo del uso de la Palabra en tu vida de oración.

El Afilar de la Espada

(Escrituras para los Esposos)

Tú como esposa conoces y amas a tu esposo mejor que nadie más; por tal motivo, el Señor te mostrará las áreas débiles de su vida, detalles que Él no confiaría a alguien más. Dios no hace esto para que lo señales públicamente, lo expongas frente a sus amigos y familiares, o lo molestes a diario para corregirlo. No, el Señor quiere que ores por él. Él te dará una escritura específica para contrarrestar esos puntos débiles para que tu esposo se fortalezca en el Señor a través de tus oraciones que dan vida.

Cuando percibo una necesidad particular en la vida de mi esposo, declaro la palabra de Proverbios 21:1 (NVI) sobre de él:

"En las manos del Señor el corazón del rey es como un río: sigue el curso que el Señor le ha trazado."

Con esta escritura reconozco que Juan es mi autoridad espiritual y que Jesús es su cabeza. (EFESIOS 5:23). Es responsabilidad del Señor cambiarlo o corregirlo, no la mía. Solo estoy llegando a un acuerdo en oración con lo que siento que el Espíritu Santo quiere hacer en su vida (no mis deseos egoístas). A continuación, declaro la escritura que aborda la necesidad.

Si la necesidad se refiere a su relación con nuestros hijos, declaro Malaquías 4:6 (NVI):

"Él hará que los padres se reconcilien con sus hijos *(Padre, reconcilia el corazón de Juan con el de nuestros hijos)* y los hijos con sus padres" *(y permite que los corazones de mis hijos se reconcilien con el de Juan).*

Si el regresa frustrado del trabajo en la oficina, yo oro conforme la palabra del Salmo 90:12 o Éxodo 17:12 (NVI):

"Enséñanos *(a él)* a contar bien nuestros *(sus)* días, para que nuestro *(su)* corazón adquiera sabiduría. (SALMO 90:12)

"Aarón y Hur sostenían sus manos, *(de Moisés)* el uno de un lado y el otro del otro; así hubo en sus manos firmeza hasta que se puso el sol." (ÉXODO 17:12 NVI) *(Padre, envía un Aarón y un Hur que puedan sostener firmes los brazos de Juan y permanezcan a su lado mientras él trabaja para ti).*

Si hay un asunto financiero que requiera la atención de mi esposo, oro las palabras de Mateo 25:21:

"*...en lo poco has sido fiel; te pondré a cargo de mucho más...*" (MATEO 25:21 [b] NVI)

"Señor, ayuda a mi esposo a ser fiel en las pequeñas responsabilidades de nuestras vidas, de tal manera que Tú puedas llegar a confiarle aún mayores cosas; permítenos ser encontrados fieles en el manejo de las riquezas terrenales, para que podamos recibir las verdaderas riquezas."

Yo no tomo la actitud de regañarlo por estos asuntos cuando llega a casa, ni siquiera le doy algún consejo *a menos que EL me pregunte*. He encontrado una y otra vez que el Espíritu Santo comienza a trabajar de inmediato en su corazón. Dentro de dos o tres días volverá a casa y dirá: "Tenemos que pasar más tiempo con los niños. He sido un ogro últimamente "o" Tenemos que investigar ese seguro. No puedo pensar en otra cosa; ha estado en mi mente todo el día "o" Sabes, Dios me ha estado diciendo qué hacer en la mañana durante la oración, y ahora estoy haciendo mucho en la oficina."

¡El Señor dejó caer todos estos pensamientos en su corazón y pensó que eran su idea! Estas son ilustraciones muy simples del uso de la Palabra en tu vida cotidiana; pero a medida que vea las respuestas a los problemas más pequeños de la vida, te fortalecerás para las batallas más grandes.

A través de tu oración y palabras de aliento, te convertirás en la mujer sabia que está construyendo su casa en lugar de derribarla con sus propias manos (PROVERBIOS 14:1). Serás la esposa de noble carácter quien brinda a su marido *"Le da ella bien y no mal Todos los días de su vida"* (PROVERBIOS 31:12); y quien *"Abre su boca con sabiduría, y la ley de clemencia está en su lengua"* (PROVERBIOS 31:26).

La Palabra de Dios es verdad, y lo que en ella está escrito para tu marido es la voluntad de Dios para su vida. No te dejes engañar por las circunstancias que enfrentas hoy. Solo son una cortina de humo para desanimarte y evitar que ores. No digas palabras negativas sobre tu situación. Esto solo distorsiona tu visión y mantiene tus ojos enfocados en el problema en lugar de enfocarte en la promesa y en lo que "parece ser" en lugar de la verdad, que es la Palabra de Dios.

Los siguientes pasajes de las Escrituras nos muestran la importancia de las palabras y su efecto sobre los demás:

"En la lengua hay poder de vida y muerte..." (PROVERBIOS 18:21 [a] NVI)

"El charlatán hiere con la lengua como con una espada, pero la lengua del sabio brinda alivio." (PROVERBIOS 12:18 NVI)

"Fuente de vida es la lengua del justo,..." (PROVERBIOS 10:11 [a] NVI)

"Los labios del justo orientan a muchos…" (Proverbios 10:21 [a] NVI)

Cuando tú oras la Palabra, tu fe se acrecienta porque *"la Fe es por el oír, y el oír, por la palabra de Dios."* (Romanos 10:17) Oras la Palabra, escuchas la Palabra: tu fe aumenta. Mañana tras mañana tu fe se hace más fuerte hasta que ya no ves la situación como aparece momentáneamente, sino que la ves a través de los ojos del Espíritu, confiado en que Dios está obrando a tu favor. Es solo cuestión de tiempo antes de que recibas la respuesta.

Me gusta lo que dice el Dr. B. J. Willhite, fundador de National Call to Prayer: "Si tienes suficiente fe para orar, tienes suficiente fe para mover la mano de Dios". Su ejemplo es el relato de la liberación de Pedro de la prisión porque la iglesia decidió orar. Sin embargo, cuando Pedro llegó a la reunión de oración, no creyeron que fuera él. Ellos solo tenían suficiente fe para orar, (no para ver la respuesta a sus oraciones) pero el Señor escuchó su clamor y liberó a Pedro.

"Los justos claman, y el Señor los oye; Él los libra de todas sus angustias." (Salmos 34:17 NVI)

Siempre le pido al Señor que me muestre a mi esposo a través de los ojos del Espíritu. Quiero verlo como Dios lo ve y saber lo que Dios quiere hacer a través de él. "Abre mis oídos, Señor, para oír lo que tu Espíritu me dice acerca de él". Esto me permite orar lo que nuestro Padre desea para él.

A medida que nos mostramos fieles en las áreas pequeñas de nuestra vida y nuestra familia, el Señor nos confiará mayores responsabilidades, si estamos dispuestos. Comenzará a usarnos para orar por nuestros pastores, amigos, empleadores o empleados, líderes nacionales y otros. Todo lo que Dios desea es encontrarse con aquellos que estén disponibles para ser guiados por el Espíritu Santo durante su tiempo de oración.

Libertad

Me gustaría liberarte de cualquier forma de esclavitud con la que el enemigo ha intentado atraparte. No te sientas presionada a orar cada escritura sobre todos quienes te rodean a cada minuto. En mi caso, he experimentado días, semanas o incluso meses en los que el Espíritu me ha hecho orar las mismas escrituras sobre una circunstancia en particular. Es durante esos momentos que *estás dando a luz* algo que el Señor quiere lograr en el reino espiritual.

Sin embargo, habrá otros días en los que vayas a orar y te sientas agobiada solo por tu pastor, o solo por tu esposo o tus hijos. Está bien orar por esa carga particular en ese día, en lugar de buscar tu cuaderno lleno de escrituras que el Señor ha estado vertiendo en ti. La pesadez que sientes en tu corazón viene del Señor. Dios te está dando una "asignación especial", por así decirlo. Hay una emergencia en los cielos que necesita tu apoyo de oración en ese preciso momento. Cuando eliges orar por *la carga de Dios* durante ese día, puedes estar seguro de que Él cuidará de tu familia y tus circunstancias. *"Deléitate en el Señor y Él te concederá los deseos de tu corazón."* (SALMOS 37:4 NVI)

Una vez estaba de acuerdo en oración con una amiga por una adopción y el compromiso renovado de su esposo en su caminar con el Señor. Sin embargo, cada vez que venía a orar, todo lo que podía orar era por mi esposo, el pastor a cargo de la reunión de oración. Ella no entendía esto e incluso me preguntó al respecto. Aunque ella tenía muchas necesidades por las cuales orar, fue fiel en orar por la carga que Dios ponía en su corazón todos los días. El Señor estaba obrando todas las cosas para su bien (ROMANOS 8:28). Dios estaba usando su don de oración de intercesión para fortalecer a mi esposo, mientras la sacaba de las oraciones aparentemente sin respuesta por su bebé y su esposo. El Señor ya había respondido a sus oraciones; a pesar de que la respuesta todavía no era evidente.

"Antes que clamen, responderé yo; mientras aún hablan, yo habré oído." (ISAÍAS 65:24)

Un par de meses después, mi amiga recibió a su bebé y su esposo comenzó a asistir a la iglesia con más regularidad.

Por favor, no te desanimes si tus oraciones no son respondidas el primer día. Algunas oraciones se responden de inmediato, algunas toman unos días, pero otras toman meses o incluso años. La clave es no rendirse nunca. Al contrario, debemos estar alerta para reconocer nuestras respuestas cuando el Señor las introduzca en nuestra vida.

Debido a que sabemos que Dios está obrando todas las cosas para bien, para aquellos que lo aman y son llamados conforme a Su propósito (ROMANOS 8:28), debemos darnos cuenta de que la respuesta a *una* de nuestras oraciones puede afectar a una o cinco o más personas, o familias enteras: una promoción laboral, la restauración de un matrimonio, la llegada de un nuevo bebé o el aceleramientos de los trámites de adopción. Dios escucha tus oraciones el *primer* día que oras y comienza a trabajar a favor de todos los interesados. Es por eso que experimentamos una *demora* en el tiempo que el Señor responde a nuestras oraciones en los lugares celestiales y vemos los resultados tangibles en la tierra.

Un diario de oración te ayudará a registrar las respuestas a tus oraciones, el tiempo de espera experimentado e incluso el nombre de las personas afectadas. Tu fe aumentará enormemente a medida que revises periódicamente, cómo la mano del Señor que se mueve en y a través de tu vida.

Marilyn Hickey dijo una vez que las oraciones son como semillas que se riegan a diario. Diferentes clases de semillas, que tardan diferentes períodos de tiempo en brotar y crecer. Cada vez que me desanimo, le pido al Señor que me abra los ojos, para que pueda ver Sus bendiciones cuando lleguen (lea Jeremías capítulo 17 sobre el hombre que depende de la carne para obtener fuerza y <u>no ve</u> las bendiciones del Señor cuando vienen y el caso opuesto del hombre que confía en el Señor).

Juan Wesley dijo: "Dios no hace nada más que obrar en respuesta a la oración".

Dick Eastman dice: "Cuando usted ora, algo sucederá en los lugares celestiales, que no habría sucedido sin sus oraciones".

El Dr. B. J. Willhite dice: "Si tienes suficiente fe para orar, tienes suficiente fe para mover la mano de Dios".

El Dr. Larry Lea dice: "Puede que no sea fácil, pero valdrá la pena".

Me gustaría animarte a usar el bosquejo de Mateo 6 con las escrituras entretejidas a diario. Esta será tu arma ofensiva, tu plan para ganar. El Señor te usará para obtener grandes victorias para Él, e incluso podrá asignarte ocasionalmente a un grupo de *"Fuerzas Especiales"* (esos días en los que Él compartirá contigo una carga específica).

Miremos el Salmo 44:6-8 mientras nos preparamos para la batalla:

"Porque no confiaré en mi arco, ni mi espada me salvará; Pues Tú nos has guardado de nuestros enemigos, y has avergonzado a los que nos aborrecían. En Dios nos gloriaremos todo el tiempo, y para siempre alabaremos tu nombre."

¿Cómo orar por ti mismo?

Las siguientes escrituras han sido incluidas para ayudarte, para que mientras oras, invites al Espíritu Santo a tomar el control de tu vida diaria y te mantenga sensible a Su voz:

¡VENGA TU REINO, Y QUE TU VOLUNTAD SEA HECHA EN MI VIDA, ASÍ COMO LO ES EN EL CIELO!

"Padre, te presento mi vida como un sacrificio vivo, santo y agradable a ti como un culto racional. No me conformaré a los patrones de este mundo, sino que seré transformada por medio de la renovación de mi mente de manera que pueda comprobar cuál es tu voluntad – tu buena, agradable y perfecta voluntad para mi vida. (ROMANOS 12:1, 2)

Te pido que me ayudes a ser un hijo sabio que traiga alegría a su Padre. (PROVERBIOS 15:20) *Ven y edifica mi casa de manera que mi labor no sea en vano.* (SALMOS 127:1)

Abre mis oídos para oír lo que tu Espíritu está diciendo a los oídos que escuchan y los ojos que ven – ambas cosas el Señor las creó. (PROVERBIOS 20:12)

Abre mis ojos para que pueda ver con sabiduría y revelación para que pueda conocerte más (EFESIOS 1:17); y pueda mirar las maravillas de tu ley (SALMOS 119:18)

Pon guarda a mi boca, guarda la puerta de mis labios (SALMOS 141:3). Sean gratos los dichos de mi boca y la meditación de mi corazón delante de ti, roca mía y redentor mío. (SALMOS 19:14)

Permite que mi boca sea un manantial de vida (PROVERBIOS 10:11), que mis labios apacienten a muchos (PROVERBIOS 10:21), y que mi lengua sea como plata escogida. (PROVERBIOS 10:20)

Adiestra mis manos para la batalla, y mis dedos para la guerra (SALMOS 144:1); que todo lo que venga a mis manos para hacer, ayúdame a hacerlo con todas mis fuerzas. (ECLESIASTÉS 9:10)

Ordena mis pasos con tu palabra. (SALMOS 119:133) Enséñame de tal modo a contar mis días, de manera que traiga sabiduría a mi corazón. (SALMOS 90:12)

En el nombre de Jesús, Amen."

¿Cómo orar por tu esposo?

Aunque ya lo he mencionado antes, permíteme enfatizar una vez más lo siguiente. Como esposa, tú conoces y amas a tu esposo mejor que nadie; por lo tanto, el Señor te mostrará las áreas débiles de su vida que no confiará a otros. Él no hace esto para que se lo señales públicamente, lo expongas delante de sus amigos y parientes o lo regañes a diario para corregirlo. No, el Señor quiere que ores por él. Él te dará una escritura específica para contrarrestar esos puntos débiles, para que tu esposo pueda crecer fuerte en el Señor a través de tus oraciones vivificantes.

Me gustaría animar a las esposas a orar, "abre mis ojos y miraré las maravillas de tu ley" (SALMOS 119:18) respecto a sus maridos. El Espíritu Santo comenzará a iluminar ciertos versículos para que ores por tu esposo con el propósito de edificarlo en el Espíritu.

Una de las frases favoritas de mi esposo, expresadas por el difunto evangelista y misionero, T. L. Osbourne, se ha convertido en un principio rector en nuestras vidas: "Siempre estima, nunca menosprecies." Esto está basado en las escrituras de Efesios 4:29-32.

Hubo un tiempo en el que seguía escuchando "audacia" para mi esposo. Comencé a declarar Proverbios 28:1, "el justo está confiado como un león"; Salmos 138:3 "el día que clamé, me respondiste; me fortaleciste con vigor en mi alma" y 2a Timoteo 1:7 (NVI) "pues Dios no nos ha dado un espíritu de timidez, sino de poder, de amor y de dominio propio." En tres semanas, mi esposo caminaba con un nuevo manto de fuerza, poder y audacia.

Aproximadamente al mismo tiempo, comencé a escuchar "discernimiento" cada vez que oraba por John. El Señor me dio muchas escrituras en Proverbios para orar: Proverbios 18:15 "El corazón del entendido adquiere sabiduría"; Proverbios 14:6 [b], "más al hombre entendido la sabiduría le es fácil"; Proverbios 14:33, "En el corazón del prudente reposa la sabiduría." También me dio Salmos 119:125, Proverbios 15:14, Proverbios 16:21.

Pensé que mi esposo solo necesitaba discernimiento para dirigir el ministerio de oración en nuestra iglesia. Sin embargo, un año y medio después recibimos una palabra del Señor de que el manto del discernimiento estaba cayendo sobre él para discernir los principados que controlaban las diferentes ciudades de los Estados Unidos, para que pudiéramos derribar las fortalezas que mantienen cautivas a las ciudades.

Frecuentemente solo vemos la vida a través de nuestra percepción limitada y finita, pero cuando permitimos que el Espíritu Santo dirija nuestras oraciones, Él comienza a derramar Su corazón hacia nosotros y nos hace conocer Sus pensamientos (PROVERBIOS 1:23 NVI)

Cuando eres sensible y obediente a la voz del Espíritu, además de ver a tu esposo convertirse en todo lo que se supone que es en Dios, cosecharás en tu propia vida todos los dones, el poder y la unción que el Señor derrama en él, porque unidos por la oración son Uno en el Espíritu.

Oremos: ¡VENGA TU REINO, Y QUE TU VOLUNTAD SEA HECHA EN LA VIDA DE MI ESPOSO, ASI COMO LO ES EN EL CIELO!

"Padre, bienaventurado es mi esposo _____, quien no camina en consejo de malos, ni estuvo en camino de pecadores, ni en silla de escarnecedores se ha sentado; sino que en la ley de Jehová está su delicia, y en su ley medita de día y de noche. Él es como árbol plantado junto a corrientes de aguas, que da su fruto en su tiempo, y su hoja no cae; y todo lo que hace prosperará. (SALMOS 1:1-3)

El Espíritu del Señor reposará sobre mi esposo, - Espíritu de sabiduría y de entendimiento, - Espíritu de consejo y de poder, - Espíritu de conocimiento y de temor del Señor. – Él se deleitará en el temor del Señor. (ISAÍAS 11:2, 3 NVI)

Que el favor del Señor nuestro Dios esté sobre mi esposo. Confirma la obra de sus manos; - si, confirma la obra de sus manos. (SALMOS 90:17 NVI)

El Señor cumplirá su propósito en la vida de mi esposo; tu misericordia oh Dios, es para siempre – no desampares la obra de tus manos. (SALMOS 138:8)

Yo oro que mi esposo sea prosperado en todas las cosas, y que tenga salud, así como prospera su alma. (3 JUAN 1:2)

Abre los ojos de mi esposo para que pueda ver las maravillas de tu ley. (SALMOS 119:18)

Tus manos hicieron y formaron a mi esposo; hazle entender para que aprenda tus mandamientos. (SALMOS 119:73)

El corazón del rey está en la mano de Jehová; es como un río que sigue el curso que el Señor le ha trazado. (PROVERBIOS 21:1)

Bienaventurado es mi esposo, quien teme a Jehová, y en sus mandamientos se deleita en gran manera. Su descendencia será poderosa en la tierra; la generación de los rectos será bendita. Bienes y riquezas hay en su casa, y su justicia permanece para siempre. Resplandeció en las tinieblas luz a los rectos; es clemente, misericordioso y justo. El hombre de bien tiene misericordia, y presta; gobierna sus asuntos con juicio, por lo cual no resbalará jamás; en memoria eterna será el justo. No tendrá temor de malas noticias; su corazón está firme, confiado en Jehová. Asegurado está su corazón; no temerá, hasta que vea en sus enemigos su deseo. Reparte, da a los pobres; su justicia permanece para siempre; su poder (dignidad) será exaltado en gloria. Lo verá el impío y se irritará; crujirán los dientes, y se consumirá. El deseo de los impíos perecerá. (SALMOS 112)

Cosas que ojo no vio, ni oído oyó, ni han subido en corazón de hombre, son las que Dios ha preparado para los que le aman. Pero Dios nos las reveló a nosotros por el Espíritu; porque el Espíritu, todo lo escudriña, aún lo profundo de Dios. (1 CORINTIOS 2:9-10) [Será mejor que toda su planificación - Sra. James Watt.]

Sigo pidiendo que el Dios de nuestro Señor Jesucristo, el Padre de gloria, le dé a mi esposo el Espíritu de sabiduría y revelación, para que lo conozca mejor. (EFESIOS 1:17)

Al hombre que le agrada, Dios le da sabiduría, conocimiento y felicidad, y al pecador le da la tarea de recoger y acumular riquezas para entregárselas al que agrada a Dios. (ECLESIASTÉS 2:26)

Instruirás a mi esposo y le enseñarás el camino que debe seguir; lo aconsejarás y velarás por él... pero el amor inagotable del Señor rodea al hombre que confía en él. (SALMOS 32:8, 10

NVI) *Porque el Señor da sabiduría, y de su boca provienen el conocimiento y la inteligencia.* (Proverbios 2:6 NVI)

"No permitas que de nuestras bocas salga ninguna conversación obscena, por el contrario que nuestras palabras contribuyan a edificar a otros de acuerdo con sus necesidades, para que sean de bendición a quienes escuchan. No deseamos contristar al Espíritu Santo de Dios. Nos despojamos de toda amargura, rabia e ira, riñas y calumnias, junto con toda forma de malicia. Haznos bondadosos y compasivos unos con otros, perdonándonos unos a otros, como Dios nos perdonó a nosotros en Cristo." (EFESIOS 4:29-32 NVI)

En el nombre de Jesús, Amén."

¿Cómo orar por tu esposa?

Me gustaría animar a los maridos con las palabras del apóstol Pablo:

"Esposos, amen a sus esposas y no sean duros con ellas." (COLOSENSES 3:19 NVI)

"Porque el esposo es cabeza de su esposa, así como Cristo es cabeza y Salvador de la Iglesia, la cual es su cuerpo. Así como la iglesia se somete a Cristo, también las esposas deben someterse a sus esposos en todo. Esposos, *amen a sus esposas, así como Cristo amó a la iglesia y se entregó por ella.*" (EFESIOS 5:23-25 NVI) [Énfasis mío]

Los mismos principios se aplican a los esposos para orar por sus esposas. Declara escrituras específicas sobre las áreas débiles de la vida de tu esposa, a fin de edificarla espiritualmente. ("Siempre estima, nunca menosprecies" T. L. Osbourne)

Las palabras duras y los regaños no los unirán, sino que los separarán más. Un pastor amigo nuestro siempre nos enseñó que "la palabra más amable es, una palabra cruel que nunca se ha dicho". Puedes elegir vivir en paz con tu esposa "siempre tener la razón". Sin embargo, cuando permites que el Espíritu Santo te use como su autoridad espiritual, ella responderá a tus amables y amorosas correcciones y a tu comprensión.

A medida que fortalezcas a tu esposa diariamente en el lugar de la oración, ella no solo florecerá como la esposa de carácter noble que se encuentra en Proverbios 31, sino que tu matrimonio se convertirá en "*un cordón de tres hilos... que no se romperá rápidamente*". (ECLESIASTÉS 4:12 NVI) Ella caminará a tu lado espiritualmente y te ayudará a convertirte en el hombre que "*es respetado a la puerta de la ciudad, donde se sienta entre los ancianos de la tierra*". (PROVERBIOS 31:23 NVI) Juntos cumplirán Su propósito en sus vidas y lograrán cosas grandes y poderosas para el establecimiento del Reino de Dios. (He escuchado a mi esposo orar estas escrituras sobre mí muchas veces).

¡VENGA TU REINO, Y QUE TU VOLUNTAD SEA HECHA EN LA VIDA DE MI ESPOSA, ASÍ COMO LO ES EN EL CIELO!

"Padre, mi esposa _____, es una mujer sabia que construye su casa, no como la necia que con sus propias manos la destruye. (PROVERBIOS 14:1 NVI)

Si tu Señor no construyes la casa, ella trabaja en vano. A menos que tu oh Señor vigiles la ciudad, los centinelas vigilarán en vano. (SALMOS 127:1 NVI)

Una esposa de noble personalidad ¿quién la puede hallar? Te agradezco, Señor, que mi esposa sea de carácter noble. Ella vale mucho más que los rubíes. Yo, su esposo, tengo plena confianza en ella y no me faltará nada de valor. Ella me traerá bien, no mal, todos los días de su vida. Selecciona lana y lino y trabaja con manos ansiosas. Ella es como los barcos mercantes, trayendo su comida desde lejos. Se levanta cuando aún está oscuro; proporciona comida para su familia y raciones para sus sirvientes. Considera un campo y lo compra; con sus ganancias planta un viñedo. Emprende su trabajo vigorosamente; ayuda a sus brazos a estar fuertes para sus tareas del día a día. Ayúdala a ver que su comercio sea rentable y que su lámpara no se apague por la noche. En su mano, sostiene la rueca y agarra el huso con los dedos. (Ayúdala a ser una mujer trabajadora, establece la obra de sus manos para ella [SALMOS 90:17]). Ella abre sus brazos a los pobres y extiende sus manos a los necesitados. Cuando nieva, no teme por su familia; porque todos están vestidos de escarlata. Ella hace mantos para su cama; Está vestida de lino fino y púrpura. Su esposo será respetado en la puerta de la ciudad (en la comunidad) donde tomaré mi asiento entre los ancianos de la tierra. Ella hace telas de lino y las vende, y proporciona cinturones a los comerciantes. Está vestida de fuerza y dignidad; ella puede reírse de los días venideros. Habla con sabiduría y en su lengua hay fiel instrucción. Ella vela por los asuntos de su casa y no come el pan de la ociosidad. Sus hijos se levantan y la llaman bienaventurada; Yo, su marido, la alabaré; muchas mujeres hacen cosas nobles, pero ella las supera a todas. El encanto engaña y la belleza es pasajera; pero la mujer que teme al Señor es digna de alabanza. Dale la recompensa que se ha ganado, y sus obras le traigan alabanza a las puertas de la ciudad. (PROVERBIOS *31:10-31 NVI) [Énfasis mío]*

Aunque uno puede ser dominado, dos pueden defenderse. Tejemos nuestros corazones, oh Señor, para enfrentar los planes del enemigo que asaltan nuestro matrimonio, porque un cordón de tres hilos no se rompe rápidamente. (ECLESIASTÉS *4:12)*

El corazón de mi esposa no envidiará a los pecadores, sino que siempre estará celosa por el temor del Señor. Seguramente hay una esperanza futura para ella, y su esperanza no será cortada. (PROVERBIOS *23:17-18)*

El Señor es la luz de mi esposa y su salvación. ¿De quién temerá? El Señor es la fortaleza de su vida; ¿de quién tendrá miedo? Cuando los hombres malvados avancen contra ella para devorar su carne, cuando sus enemigos y sus angustiadores la ataquen, tropezarán y caerán. Aunque un ejército la asedie, su corazón no temerá; aunque estalle la guerra contra ella, incluso entonces tendrá confianza. (SALMOS *27:1-3)*

En el nombre de Jesús, Amén."

¿Cómo orar por tus hijos?

Padres no hagan enojar a sus hijos, sino críenlos según la disciplina e instrucción del Señor. **(EFESIOS 6:4 NVI)**

Si hay algo que le puedo decir a los padres, es que *"guarden su corazón porque éste es la fuente de la vida"*. (PROVERBIOS 4:23 NVI) Recuerda, tus hijos han sido colocados en tu hogar solo por una temporada.

Se te ha dado un regalo precioso, para tener la oportunidad de ser un padre/madre a quien se le han confiado los preciosos tesoros de Dios. Él quiere usar tu hogar como un campo de entrenamiento para los John Wesleys, Billy Grahams, Kathryn Kulhmans, pastores, evangelistas o misioneros de la próxima generación, así como para preparar a los próximos líderes en el gobierno y los negocios. Dios quiere que nuestros hijos se levanten y *"sean poderosos en la tierra"* (SALMO 112: 2 NVI) en cualquier camino de la vida que decidan tomar. Recuerda, nuestros hijos están en un viaje en la vida que no completaremos con ellos. Seguirán viajando sin nosotros y solo se llevarán lo que les hemos enseñado. Este pensamiento aleccionador, enfatiza la importancia de la escritura que se encuentra en Proverbios 22: 6, "Instruye al niño en el camino que debe seguir y cuando sea viejo, no se apartará de él"

Continuamente le pido al Señor que me muestre a mis hijos a través de Sus ojos y sensibilice mis oídos al clamor de sus corazones. Detrás de sus palabras, quiero "escuchar" lo que están tratando de decirme y ser capaz de discernir correctamente.

¡VENGA TU REINO, Y QUE TU VOLUNTAD SEA HECHA EN LA VIDA DE MIS HIJOS, ASÍ COMO LO ES EN EL CIELO!

"Padre, tu Palabra dice que se debo educar al niño en el camino que debe seguir y cuando sea mayor, no se apartará de él. Ayúdame, Señor, a educar a mis hijos hoy en la forma en que Tú quieres que se desarrollen. (PROVERBIOS 22:6)

Todos mis hijos serán enseñados por el Señor y grande será la paz de mis hijos. Enséñales a través de mí hoy, Padre, y deja que mis hijos escuchen tu voz dentro de mi voz y la voz de sus maestros en este día. (ISAÍAS 54:13)

Que apliquen su corazón a la instrucción y sus oídos a las palabras de conocimiento. (PROVERBIOS 23:12)

Porque el Señor da sabiduría, y de su boca provienen el conocimiento y la inteligencia. (PROVERBIOS 2:6) Padre, concede hoy sabiduría a mis hijos, y que reciban conocimiento y entendimiento de tu Palabra.

Oídos que oyen y ojos que ven, ambos los hizo el Señor (PROVERBIOS 20:12). Dales a mis hijos oídos que escuchen hoy la voz de tu Espíritu Santo, y déjalos ver, no como el mundo ve, sino por tu Espíritu de sabiduría y revelación.

Vuelve el corazón de los padres a sus hijos y el corazón de los hijos a sus padres (MALAQUÍAS 4: 6). Que mis hijos siempre amen y respeten no solo a sus padres naturales, sino también a su Padre celestial, y que mi esposo siempre sea tierno y sensible a las joyas que el Señor ha puesto a nuestro cuidado temporalmente.

Y que así como Jesús creció en sabiduría y estatura y en el favor de Dios y de los hombres, así sea para mis hijos. (LUCAS 2:52)

Padre, tu Palabra dice que un hijo sabio trae gozo a su padre (PROVERBIOS 10: 1 [a]). Que mis hijos sean sabios y traigan alegría a su padre en este día.

Padre celestial, que mis hijos presten atención a lo que digo y escuchen atentamente mis palabras. Que tus palabras no se aparten de sus ojos, ayúdalos a guardarlas en medio de sus corazones; porque son vida para quienes las encuentran y salud para todo el cuerpo de los hombres. Sobre todo, ayúdalos a proteger su corazón (construye un vallado de protección alrededor de ellos), porque éste es la fuente de la vida. (PROVERBIOS 4: 20-23)

Mis hijos obedecerán a sus padres en todo, porque esto agrada al Señor. Sus padres no enfadarán a sus hijos, para que no se desanimen. (COLOSENSES 3: 20-21)

Padre celestial, tu Palabra dice: Cree en el Señor Jesucristo y serás salvo, tú y toda tu familia. (HECHOS 16:31)

No retendremos la disciplina de un niño; si lo castigamos con vara, no morirá. Los castigaremos con vara y salvaremos su alma de la muerte. (PROVERBIOS 23:13-14)

Muéstrame tus caminos, Señor, enséñame tus sendas; guíame en tu verdad y enséñame, porque tú eres el Dios de mi salvación, y mi esperanza está en ti todo el día. Recuerda, Señor, tu gran misericordia y amor, porque son perpetuas. No te acuerdes de los pecados de mi juventud ni de mis caminos rebeldes; conforme a tu amor y misericordia acuérdate de mí, porque bueno eres, Señor. (SALMOS 25:4-7) *Señor, muestra a mis hijos tus caminos.*

Alabado sea el Señor, porque ha escuchado la voz de mis ruegos. El Señor es mi fuerza y mi escudo; mi corazón confía en Él y soy ayudado. (SALMOS 28:6-7)

El justo que lleva una vida intachable, bienaventurados serán sus hijos después de él. (PROVERBIOS 20: 7)

Incluso un niño es conocido por sus acciones, si su conducta es pura y correcta. (PROVERBIOS 20:11)

La necedad está ligada al corazón del niño, pero la vara de la disciplina la alejará de él. (PROVERBIOS 22:15)

Corona de los viejos son los nietos, y la honra de los hijos, sus padres. (PROVERBIOS 17: 6)

Padre, disciplinaré a mi hijo(s) en tanto que hay esperanza; No seré cómplice de su muerte. (PROVERBIOS 19:18)

En el nombre de Jesús, Amén."

La Oración del Padre Nuestro para los Hijos

Cuando el Señor me preguntó por primera vez ¿Qué tipo de casa construiría para Él?, no sabía a qué se refería, pero le dije: "El tipo de casa que Tú quieras". Cuando comencé a orar por mi familia esa mañana, Él me dijo: "Cuando **tú** te conviertas en una casa de oración, tu **familia** será una casa de oración y tu **ministerio** será una casa de oración".

¿Ves la progresión? Yo tenía que convertirme en una casa de oración antes de que mi familia fuera una casa de oración, y nuestra familia tenía que convertirse en una casa de oración antes de que nuestro ministerio fuera una casa de oración.

Después de que aprendí a orar fielmente por mis hijos, el Señor comenzó a improntarme de que era hora de que aprendiera a orar con eficacia y derrotar al enemigo en sus vidas. En este punto, todavía estábamos luchando contra el miedo y la enfermedad en nuestros hijos. El Señor me dijo que saturara sus espíritus con la Palabra porque:

"La exposición de tus palabras alumbra; y hace entender a los simples." (SALMOS 119:130 NVI)

"Porque Jehová da la sabiduría, y de su boca viene el conocimiento y la inteligencia." (PROVERBIOS 2:6)

"Y todos tus hijos serán enseñados por el Señor; y se multiplicará la paz de tus hijos." (ISAÍAS 54:13)

El Señor me estaba enseñando cómo usar "la palabra que es La Espada del Espíritu" para romper las cadenas que ataban a mis hijos.

Cada año escolar representaba un conjunto diferente de desafíos con amistades, maestros, asignaturas académicas y actividades escolares. La escritura en el Salmo 119: 130 se nos hizo realidad de muchas maneras, *"la exposición de la palabra alumbra, y da entendimiento a los simples"*. Descubrimos que cuanto más memorizábamos y orábamos diariamente la Palabra de Dios, más comprensión tenían nuestros hijos en la escuela y más comprensión teníamos en nuestros desafíos en el trabajo o en el ministerio. Luego, de la entrada de la Palabra a nuestras mentes y corazones, las Palabras de Dios, los pensamientos de Dios nos instruyeron y abrieron nuestro entendimiento con Su sabiduría y perspicacia.

Una joven madre con la que oraba en las reuniones de oración de la madrugada, me contó que su pequeño no podía leer, hasta que ella empezó a hacer que el memorizara las Escrituras. ¡Su pequeña mente se abrió y se convirtió en uno de los mejores estudiantes de su clase! ¡La Palabra de Dios funciona!

Orábamos de camino a la escuela por las mañanas para que el espíritu de cada uno de mis hijos se sensibilizara a la voz del Espíritu Santo, para que recibieran instrucciones claras durante todo el día. (¡También fue una buena manera de evitar que pelearan!) Tomó un año escolar o aproximadamente ocho meses para que nuestra hija de cuatro años y nuestro hijo de nueve aprendieran el siguiente bosquejo del Padre Nuestro, basado en la enseñanza del libro del Dr. Larry Lea ¿No Pudiste Quedarte Una Hora? Memorizábamos un pasaje de las Escrituras cada semana. Este es solo un punto de partida para que tus hijos aprendan a dedicar unos cinco minutos para orar efectivamente, y te ayudará a encaminar a tus hijos en la oración. ¡Sin duda, es un *fundamento* sobre el cual podrán *construir* por el resto de sus vidas!

EL PADRE NUESTRO

"PADRE NUESTRO QUE ESTÁS EN EL CIELO, SANTIFICADO SEA TU NOMBRE,

A. Te *alabo; porque soy una creación formidable.* (salmos 139:14 [a])

B. Gracias por la sangre de Jesús y por ser para mí:

1. Jehová - Tsidkenu, mi justicia;

   El justo está confiado como un león; huye el impío sin que nadie lo persiga. (Proverbios 28:1)

2. Jehová-Mekaddesh, mi santificación;

   Crea en mi, oh Dios, un corazón limpio, y renueva un espíritu recto en mí. (Salmos 51:10)

3. Jehová-Shalom, mi paz;

   Fíate de Jehová de todo tu corazón, y no te apoyes en tu propia prudencia. Reconócelo en todos tus caminos, y él enderezará tus veredas. (Proverbios 3:5, 6)

   Mas buscad primeramente el reino de Dios y su justicia, y todas estas cosas os serán añadidas. (Mateo 6:33)

   Y sabemos que a los que aman a Dios, todas las cosas les ayudan a bien, esto es, a los que conforme a su propósito son llamados. (Romanos 8:28)

4. Jehová-Shammah, siempre presente conmigo;

   Clama a mí, y yo te responderé, y te enseñaré cosas grandes y ocultas que tú no conoces. (Jeremías 33:3)

5. Jehová - Rafa, mi sanador;

   Por Su llaga fuimos curados. (Isaías 53:5 [d])

6. Jehová - Jireh, mi proveedor;

   …conforme a Sus riquezas en gloria. (Filipenses 4:19)

7. Jehová - Nissi, mi bandera;

   Su bandera sobre mi es amor. (Cantares 2:4)

   Has puesto vallado alrededor de nosotros (Job 1:10); y

   ... como con un escudo nos rodeas de tu favor. (Salmos 5:12 [b])

8. Jehová - Roi, el Pastor amable y gentil;

   En lugares de delicados pastos me hará descansar; junto a aguas de reposo me pastoreará. (Salmos 23:2)

VENGA A NOSOTROS TU REINO, HÁGASE TU voluntad en mi vida, así como lo es en el cielo:

A. *Abre mis oídos, para que pueda escuchar lo que el Espíritu está diciendo.* (Proverbios 23:12)

Abre mis ojos para que pueda ver con sabiduría y revelación. (Efesios 1:17)

Pon guarda a mi boca, oh Jehová; guarda la puerta de mis labios. (Salmos 141:3)

Sean gratos los dichos de mi boca y la meditación de mi corazón delante de ti, Oh Jehová, Roca mía, y Redentor mío. (Salmos 19:14)

La blanda respuesta quita la ira; mas la palabra áspera hace subir el furor. (Proverbios 15:1)

Adiestra mis manos para la batalla, y mis dedos para la guerra (Salmos 144:1)

Todo lo que te viniere a la mano para hacer, hazlo según tus fuerzas (Eclesiastés 9:10)

Dirige mis pasos conforme a tu Palabra. (Proverbios 16:9)

Enséñanos de tal modo a contar nuestros días, que traigamos al corazón sabiduría. (Salmos 90:12)

B. Llénanos con el fruto del Espíritu Santo,

El fruto del Espíritu es amor, gozo, paz, paciencia, benignidad, bondad, fe, mansedumbre, templanza (Gálatas 5:22)

C. En el Nombre de Jesús y en el poder de Su sangre, atamos a los espíritus perturbadores de nuestra vida, espíritus de frustración, confusión y distracción y desatamos en nosotros el Espíritu del Señor:

El Espíritu de sabiduría y entendimiento, conocimiento y discernimiento y disciplina, sea en nosotros. (Isaías 11:2, Proverbios 14:6, Proverbios 6:23)

D. En el Nombre de Jesús y en el poder de Su sangre, atamos a los espíritus obstaculizadores del egoísmo, los celos, la envidia, la lucha y la ira y nos vestimos con el espíritu de amor;

El amor es paciente, es bondadoso; el amor no es envidioso ni jactancioso, ni orgulloso; no se comporta con rudeza, no es egoísta, no se enoja fácilmente, no guarda rencor; el amor no se deleita en la maldad, sino que se regocija con la verdad. Todo lo disculpa, todo lo cree, todo lo espera, todo lo soporta. (1 Corintios 13:4-7 NVI)

E. *Que el favor del Señor nuestro Dios esté sobre nosotros. Confirma en nosotros la obra de nuestras manos.* (Salmos 90:17 NVI)

Y también oramos por Mamá y Papá, nuestro Pastor(es) _____ nuestro(s) maestro(s), _____ y nuestro Presidente _____.

"Quita de la presencia del rey al malvado, y el rey afirmará su trono en la justicia." (Proverbios 25:5 NVI)

"Los justos se reunirán alrededor de él, por la bondad que le has mostrado." (Salmos 142:7 NVI)

F. *"El Señor cumplirá en mí su propósito. Tu gran amor, Señor, perdura para siempre; ¡No abandones la obra de tus manos!"* (Salmos 138:8 NVI)

EL PAN NUESTRO DE CADA DIA, DÁNOSLO HOY:

Nos ponemos de acuerdo en unidad para que sean suplidas todas nuestras necesidades:

a) _____
_____

b) _____
_____

c) _____
_____

PERDONA NUESTRAS DEUDAS, ASÍ COMO NOSOTROS PERDONAMOS A NUESTROS DEUDORES:

Elijo caminar en amor y perdón. Padre perdóname por mis acciones que te ofenden: _____ (menciona la(s) ofensa(s) de manera específica)

NO NOS DEJES CAER EN TENTACIÓN, MAS LÍBRANOS DEL MAL:

A. *Vestíos de toda la armadura de Dios para que podáis estar firmes contra las asechanzas del diablo.* (Efesios 6:11)

B. *Estad pues, firmes, ceñidos vuestros lomos con la verdad, y vestidos con la coraza de justicia, y calzados los pies con el apresto del evangelio de la paz. Sobre todo, tomad el escudo de la fe, con que podáis apagar todos los dardos de fuego del maligno. Y tomad el yelmo de la salvación, y la espada del Espíritu, que es la Palabra de Dios.* (Efesios 6:14-17)

C. El cerco de tu protección es alrededor nuestro;

D. *El ángel de Jehová acampa alrededor de los que le temen, y los defiende.* (Salmos 34:7)

¡PORQUE TUYO ES EL REINO, EL PODER Y LA GLORIA, POR LOS SIGLOS DE LOS SIGLOS! AMEN."

(¡Entonen juntos un canto de alabanza!)

¿Cómo orar por tus padres?

"Hijos obedezcan en el Señor a sus padres, porque esto es justo. "Honra a tu padre y a tu madre – que es el primer mandamiento – para que te vaya bien y disfrutes de una larga vida en la tierra." (EFESIOS 6:1-3 NVI)

Es el deseo de nuestro Padre celestial que amemos y honremos a nuestros padres. De hecho, como se indica en la escritura anterior y en Deuteronomio 5:16, es el primer mandamiento con una promesa: *"te irá bien y disfrutarás de una **larga vida** en la tierra"*. [Énfasis mío]

Nos irá bien (el favor y las bendiciones de Dios serán nuestros) para que podamos disfrutar de una larga vida, ¡qué hermoso! No tendremos una vida llena de problemas y angustias, sino una larga vida llena de bendiciones, honor y favor.

Algunos de nosotros tuvimos padres cariñosos, cuidadosos y buenos proveedores que hicieron todo lo posible para brindarnos, enseñarnos y capacitarnos en formas piadosas. Otros, lamentablemente, no lo hicieron. Me ocuparé de esto también en un momento.

Desafortunadamente, TODOS los padres cometen errores y necesitan ser perdonados "Todos han pecado y otros han fallado..."

*En los hogares del Dios que ama, se preocupa y provee todo lo necesario, los padres han fallado.

*En hogares de alcohólicos o drogadictos disfuncionales, los padres han fallado.

*En hogares de padres con mentalidad laboral o empresarial, los padres han fallado.

Desafortunadamente, no importa cuáles sean las circunstancias, todos los padres han fallado en algún nivel.

Aún así, el mandamiento sigue ahí "**honra a tus padres**". No es sugerencia, ni acción limitada *solo si* se cumplen determinadas circunstancias:

"Si" tienes una buena relación;

"Si" hicieron casi todo bien;

"Si" estuvieron presentes y no ausentes;

"Si" fueron buenos proveedores;

"Si" _____

(Llena el espacio en blanco con situaciones que te hayan provocado heridas o desilusiones).

Abordemos los hogares disfuncionales. Es posible que tus padres hayan sido abusivos, poco cariñosos, y que la vida en el hogar fuera simplemente un lugar del que tenías que escapar lo antes posible. Te tengo una sugerencia especial para ti, así como para el resto de nosotros, que no es fácil, pero es la única forma: **Perdona.**

Todos debemos perdonar a nuestros padres. Las cadenas dolorosas del pasado se romperán y podremos caminar hacia la libertad para nuestro futuro. Libertad de las ofensas, el dolor y las heridas de la infancia. Libres para ser la persona que Dios quiere que seamos: una persona mejor y más fuerte en lugar de una persona amargada y encadenada al pasado.

Estas escrituras sanarán nuestro corazón cuando declaremos: "Padre, elijo perdonar a mis padres. Elijo perdonar las palabras hirientes, las peleas, la ira, la contienda y el abuso. Elijo perdonar la injusticia. Elijo perdonar sus faltas y fracasos. *Tu Palabra es verdad*:

"El amor cubrirá multitud de pecados." Proverbios 10:12

"Nuestra fe que actúa mediante el amor." Gálatas 5:6

"El amor jamás deja de ser." 1 Corintios 13:8

Padre, ahora te pido que ames a mis padres a través de mi.

Ahora oremos por nuestros padres y recordemos: "Amamos a aquellos por quien oramos, con quien oramos y a quien le oramos." (Ed Cole)

Procuremos nunca encontrarnos entre los fariseos y maestros de la ley, quienes fueron reprendidos por Jesús en Marcos 7:11-13 por negarse a ayudar a sus padres y madres:

"Pero vosotros decís: Basta que diga un hombre al padre o a la madre: Es Corbán (que quiere decir, mi ofrenda a Dios) todo aquello con que pudiera ayudarte, y no le dejáis hacer más por su padre o por su madre, invalidando la palabra de Dios"

Que por el contrario se diga de nosotros que somos hijos sabios que alegran el corazón de nuestros padres (PROVERBIOS 15:20).

"¡VENGA TU REINO, Y QUE TU VOLUNTAD SEA HECHA EN LA VIDA DE MIS PADRES, ASÍ COMO LO ES EN EL CIELO!

"Padre, te agradezco por mis padres y por el amor que compartimos. Ayúdame a honrarlos todos los días de sus vidas para que todo vaya bien con mi hogar y podamos disfrutar de una larga vida en esta tierra.

Oro que los postreros días de sus vidas sean más bendecidos que los primeros (JOB 42:12).

Te agradezco que por su fidelidad ellos serán ricamente bendecidos (PROVERBIOS 28:20); y que por lo que ellos han compartido con el pobre, nunca les hará falta nada (PROVERBIOS 28:27).

Guárdalos de las trampas que les han tendido, de las trampas que ponen los malhechores. Que los malvados caigan en sus propias redes, mientras ellos pasan seguros (SALMOS 141:9, 10).

Oro para que florezcan como palmeras y crezcan como cedros del Líbano, plantados en la casa del Señor. Que todavía den fruto en su vejez, y que se mantengan frescos y verdes, proclamando: 'El Señor es justo, Él es nuestra Roca. (SALMOS 92:12-15).

Declaro que mis padres han sido redimidos de la maldición de la pobreza, la enfermedad, las dolencias y la muerte (GÁLATAS 3:13, 14). No solo vivirán en prosperidad abundante (DEUTERONOMIO 28:11), sino que ninguna enfermedad ni dolencia se manifestará en sus cuerpos. En el nombre de Jesús, maldigo toda enfermedad y declaro que debe dejar sus cuerpos, no puede morar en ellos. Mis padres son tierra deseable (MALAQUÍAS 3:12). Vivirán todos sus días fuertes en el Señor y en el poder de Su fuerza (EFESIOS 6:10).

Te agradezco por aumentar su sabiduría, conocimiento y comprensión en cada área de sus vidas para que Tu oh Señor, puedas dirigirlos y guiarlos de acuerdo con Tu Palabra sin que ningún pecado los gobierne. (SALMOS 119:133).

En el nombre de Jesús, Amén."

(En nuestro mundo acelerado lleno de horarios de trabajo, actividades escolares y reuniones de la iglesia, sin mencionar los eventos sociales y comunitarios, las vidas de aquellos a quienes amamos a veces se nos pueden escapar mientras se desvanecen en el fondo de su otoño donde el ritmo es más lento, enfrentando las temporadas invernales de sus vidas. Nunca exigentes, pero siempre dispuestos con amor y apoyo, ven a su descendencia moverse hacia la temporada de la edad adulta-joven de manera furtiva y luego son testigos al ver cómo se ramifican con más confianza en su desarrollo específico, para cumplir el llamado de Dios en sus vidas. Por amor a estos hombres y mujeres fuertes y valientes, que no solo entregaron sus vidas para mantenernos, sino que también tuvieron el coraje de soltar a sus jóvenes para afrontar el llamado de la vida, debemos tomar nuestro lugar de responsabilidad para sostener sus brazos en sus días de ocaso en medio de nosotros.)

¿Cómo orar por tu Pastor?

Hubo un tiempo en que oré por mi pastor y mi iglesia tanto o más que por mi propia familia. No tengas miedo de fluir en el ministerio de intercesión si el Espíritu desea usarte de esta manera. Cuando siembras en la vida de otros, al tiempo recogerás abundantemente en tu propia vida.

Los siguientes pasajes te permitirán comenzar a levantar los brazos de tu pastor, incluso como cuando Aarón y Hur levantaron los brazos de Moisés durante las largas y agotadoras horas de la batalla.

"¡VENGA TU REINO, Y QUE TU VOLUNTAD SEA HECHA EN LA VIDA DE MI PASTOR, ASÍ COMO LO ES EN EL CIELO!

El Espíritu del Señor está sobre mí, el Espíritu de sabiduría y de entendimiento, el Espíritu de consejo y de poder, el Espíritu de conocimiento y de temor de Dios, Él se deleitará en el temor del Señor. (ISAÍAS 11:2, 3 NVI)

La exaltación no viene del oriente, ni del occidente ni del sur, sino que es Dios el que juzga: a unos humilla y a otros exalta. Aniquilaré la altivez de todos los impíos, y exaltaré el poder de los justos (SALMOS 75:6, 7, 10 NVI)

Ni antes ni después de Josías hubo otro rey que, como él, se volviera al Señor de todo corazón, con toda el alma y con todas sus fuerzas. (2 REYES 23:25 NVI) Permite que el espíritu de Josías repose sobre mi pastor de manera que él pueda volverse hacia ti con todo su corazón, alma y fuerza.

Que el favor del Señor nuestro Dios esté sobre nosotros. Confirma en nosotros la obra de nuestras manos. (SALMOS 90:17 NVI)

El Señor cumplirá en mí su propósito (y el de mi pastor); tu gran amor Señor, perdura para siempre; ¡No abandones la obra de tus manos! (SALMOS 138:8 NVI)

Que se ore por él sin cesar; que todos los días se le bendiga. (SALMOS 72:15 [b] NVI). Pido que el Dios de nuestro Señor Jesucristo, el Padre glorioso, le dé el Espíritu de sabiduría y de revelación, para que lo conozca mejor. (EFESIOS 1:17 NVI)

El que es sabio tiene gran poder, y el que es entendido aumenta su fuerza. La guerra se hace con buena estrategia; la victoria se alcanza con muchos consejeros. (PROVERBIOS 24:5 NVI)

En el nombre de Jesús, Amén."

¿Cómo orar por tu Nación?

"¿Si ustedes no oran, quién lo hará?" El Señor depositó esta responsabilidad en mi espíritu hace muchos años cuando vivíamos aproximadamente a 25 millas de Washington, D.C., en el norte de Virginia. Desde entonces, he aprendido a orar por nuestra nación. Los siguientes pasajes de las Escrituras te ayudarán a orar por los líderes de nuestra tierra.

"*¡VENGA TU REINO, Y QUE TU VOLUNTAD SEA HECHA EN MI NACIÓN, ASÍ COMO LO ES EN EL CIELO!*

Yo les daré un corazón íntegro, y pondré en ellos un espíritu renovado. Les arrancaré el corazón de piedra que ahora tienen, y pondré en ellos un corazón de carne, para que cumplan mis decretos y pongan en práctica mis leyes. Entonces ellos serán mi pueblo, y yo seré su Dios. (EZEQUIEL 11:19, 20 NVI)

La exaltación no viene del oriente, ni del occidente ni del sur, sino que es Dios el que juzga: a unos humilla y a otros exalta. Aniquilaré la altivez de todos los impíos, y exaltaré el poder de los justos (SALMOS 75:6, 7, 10 NVI)

Los justos no tropezarán jamás; los malvados no habitarán la tierra. (PROVERBIOS 10:30 NVI)

No es correcto ser parcial en el juicio: Maldecirán los pueblos, y despreciarán las naciones, a quien declare inocente al culpable. Pero bien vistos serán, y bendecidos, los que condenen al culpable. (PROVERBIOS 24:23-25 NVI)

(Las Escrituras de Salmos 101:8 y 55:9 son particularmente eficaces para silenciar las acusaciones del enemigo contra los justos ante la presión, y en todas las áreas de su propia vida para silenciar las acusaciones del enemigo, mentiras y confusión).

Cada mañana reduciré al silencio a todos los impíos que hay en la tierra: extirparé de la ciudad del Señor a todos los malhechores. (SALMOS 101:8 NVI)

¡Destrúyelos, Señor! ¡Confunde su lenguaje! En la ciudad solo veo contiendas y violencia. (SALMOS 55:9 NVI)

Donde no hay dirección sabia, caerá el pueblo; mas en la multitud de consejeros hay seguridad. (PROVERBIOS 11:14)

La justicia engrandece a la nación; mas el pecado es afrenta de las naciones. (PROVERBIOS 14:34)

América (y cualquiera que sea tu país) habita al abrigo del Altísimo, se acoge a la sombra del Todopoderoso. América dirá al Señor: "Tú eres mi refugio, mi fortaleza, el Dios en quien confío". Solo Dios puede librar a América de las trampas del cazador y de mortíferas plagas, pues Él cubrirá a América con sus plumas y bajo sus alas América hallarás refugio. ¡La verdad del Señor será tu escudo y tu baluarte! No temerás del terror de la noche, ni la flecha que vuele de día, ni la peste que acecha en las sombras, ni la plaga que destruye al mediodía. Podrán caer mil a la izquierda de América, y diez mil a la derecha, pero a ti no te afectará. No tendrás más que abrir bien los ojos, para ver a los impíos recibir su merecido. Si América pone al Altísimo como su protector y al Señor como su refugio, ningún mal habrá de sobrevenirle, ninguna calamidad llegará a sus moradas. Porque Él ordenará a sus ángeles que cuiden a toda América en todos sus caminos. Con sus propias manos la levantará para que no tropiece con piedra alguna. Sus habitantes aplastarán al león y a la víbora; ¡Hollarán fieras y serpientes! "Porque América me ama" dice el Señor, "Yo los libraré y los protegeré porque reconocen mi nombre. Me invocarán, y yo les responderé; estaré con ellos en los momentos de angustia, los libraré y los llenaré de honores. Los colmaré con muchas años de vida y les haré gozar de mi salvación." (SALMOS 91 NVI)

El Señor frustra los planes de las naciones; desbarata los designios de los pueblos. Pero los planes del Señor quedan firmes para siempre; los designios de Su mente son eternos. Dichosa la nación cuyo Dios es el Señor, el pueblo que escogió como su heredad. (SALMOS 33:10-12 NVI)

En el nombre de Jesús, Amén"

¿Cómo orar por tus seres queridos no salvos?

Esta sección se ha incluido para los seres queridos y los cónyuges perdidos que aún no conocen al Señor o para aquellos que demuestran actitudes que no son correctas hacia el esposo o la esposa.

"VENGA TU REINO, Y QUE TU VOLUNTAD SEA HECHA EN LA VIDA DE (aquí el nombre de tu ser querido) ASI COMO LO ES EN EL CIELO.

"Padre, tú dijiste, "Cree en el Señor Jesucristo y serás salvo ¡tú y toda tu casa!" (HECHOS 16:31)

En el nombre de Jesús y por el poder de Su sangre, yo vengo en contra de los poderes de las tinieblas que ponen venda en los ojos, y cierran los oídos, y nublan el entendimiento (ISAÍAS 6:9, 10); Ordeno a los malos espíritus a callar en este día (SALMOS 101:8); declaro confusión en su lenguaje (SALMOS 55:9), y serán dispersados. Te pido, Padre, envía a tus ángeles poderosos a la guerra en los lugares celestiales a favor de mis seres queridos (DANIEL 10)

... ustedes sus ángeles, paladines que ejecutan su palabra y obedecen su mandato. (SALMOS 103:20 NVI)

Derribo los argumentos y pretensiones en sus mentes que se han opuesto al conocimiento de Dios y a cada fortaleza en sus vidas. Te pido, Espíritu Santo, que lleves cautivos sus propios pensamientos a la obediencia de Cristo y los lleves a Jesús, para salvación. (2 CORINTIOS 10:3-5)

Esposas orando por sus maridos

No estás luchando contra sangre y carne, sino contra las fuerzas espirituales del mal en los reinos celestiales. (EFESIOS 6:12). Declara *2 Corintios 10:3-5* sobre la vida de tu esposo diariamente. Derriba los argumentos y pretensiones en su mente que se oponen al conocimiento de Dios y lleva cautivos sus propios pensamientos a la obediencia a Cristo.

Pide al Señor que llene su corazón con amor por ti y por obedecer Sus **mandamientos**: Efesios 5:25 *"Maridos, amad a vuestras mujeres."* Declara Proverbios 5:15-19 para tener una imagen de tu matrimonio – que tu marido se regocije con la mujer de su juventud, cautivado (embriagado) por tu amor. Debes ganar esta batalla en el reino espiritual para ver resultados en el reino natural.

"Cada mañana reduciré al silencio a todos los impíos que hay en la tierra; extirparé de la ciudad del Señor a todos los malhechores." (Salmos 101:8) *(Pon a silenciar las voces demoníacas que lo están engañando dentro de sus pensamientos.)*

"Ninguna arma forjada en contra de nosotros (tu matrimonio) será prosperada; y toda lengua que nos acuse será refutada." (Isaías 54:17)

"Sométanse a Dios. Resistan al diablo y él huirá de ustedes." (Santiago 4:7 NVI)

Esposos orando por sus esposas

Nuestra lucha no es contra carne o sangre, sino contra huestes espirituales de maldad en las regiones celestes (EFESIOS 6:12). Declara la palabra de 2 Corintios 10:3-5 sobre tu amada diariamente. Derriba los argumentos y pretensiones en su mente que se han opuesto al conocimiento de Dios y lleva cautivos sus propios pensamientos a la obediencia a Cristo. En el nombre de Jesús y en el poder de la sangre del Cordero, ordena a las fuerzas del mal que le hablan a su mente que guarden silencio:

"Cada mañana reduciré al silencio a todos los impíos que hay en la tierra; extirparé de la ciudad del Señor a todos los malhechores." (Salmos 101:8 NVI)

Empieza a orar Proverbios 31:10-31 sobre tu esposa todos los días: que ella te traerá bien y no mal todos los días de su vida; que hablará con sabiduría, y en su lengua habrá instrucciones dadas con amor. Declara que será **una mujer sabia** que edificará su casa (Proverbios 14: 1) y que **el Señor construirá el hogar a través de ella** (SALMOS 127:1). Debes ganar esta batalla en el reino espiritual para ver resultados en el reino físico.

"Ninguna arma forjada en contra de nosotros *(tu matrimonio)* será prosperada; y toda lengua que nos acuse será refutada" (Isaías 54:17)

"Sométanse a Dios. Resistan al diablo y él huirá de ustedes." (Santiago 4:7 NVI)

¿Cómo orar por sanidad?

"Y, si el Espíritu de aquel que levantó a Jesús de entre los muertos vive en ustedes, el mismo que levantó a Cristo de entre los muertos también dará vida a sus cuerpos mortales por medio de su Espíritu, que vive en ustedes." (Romans 8:11 NVI)

"En el Nombre de Jesús y a través del poder de Su sangre, ato a todo poder demoníaco que trata de infligir enfermedades y dolencias a (nombre), y te arrojo lejos de (él / ella). No tienes autoridad en su vida y debes huir de acuerdo con la verdad escrita en Santiago 4:7:

Someteos, pues, a Dios. Resistid al diablo, y huirá de vosotros.

Declaro que ninguna arma forjada en contra de _____ prosperará y cada lengua que se levante en contra de _____ será condenada. (Isaías 54:17)

Hablo a cada célula de este cuerpo y les ordeno que funcionen como Dios quiere que funcionen. Te ordeno que te alinees con la Palabra de Dios. Quito toda maldición de _____ y declaro que está cubierto con la sangre del Cordero.

Envió su palabra y los sanó y los libró de su destrucción. (Salmo 107:20 Amp) *En el nombre de Jesús, envío la Palabra a mi cuerpo (área de la enfermedad: corazón, pulmones, espalda, etc.) y declaro que estoy libre de toda destrucción.*

Reclamo las promesas en **Jeremías 33:6**:

Sanaré a mi pueblo y les permitiré disfrutar de abundante paz y seguridad.

Él perdona todos mis pecados y sana todas mis enfermedades. (Salmos 103:3 NVI)

Pero Él (Cristo) herido fue por nuestras rebeliones, molido por nuestros pecados; el castigo de nuestra paz fue sobre él, y **por su llaga fuimos nosotros curados.** (Isaías 53:5) [Énfasis mío]

En el nombre de Jesús, Amén."

¿Cómo orar por conflictos mentales?

"Cada mañana reduciré al silencio a todos los impíos que hay en la tierra; extirparé de la ciudad del Señor a todos los malhechores." (Salmos 101:8 NVI)

"Tomo autoridad sobre cada voz malvada que intenta hablar en la mente de _____, y te hago callar este día. Te confundo y confundo tu discurso (SALMOS 55:9 NVI). Los disperso, en el nombre de Jesús, y declaro que _____ está cubierto con la sangre del Cordero. Ya no podrás oprimir más a _____.

Ahora le pido al Espíritu Santo que comience a hablarle a la mente de _____, y pido que la paz de Dios inunde su propio ser. Quebranto todo espíritu de confusión, distracción y frustración; bienvenido seas Espíritu del Señor, espíritu de sabiduría y entendimiento, espíritu de consejo y de poder, y espíritu de conocimiento y de temor del Señor. (Isaías 11:2 NVI)

Pero el Consolador, el Espíritu Santo, a quien el Padre enviará en mi nombre, les enseñará todas las cosas y les recordará todo lo que les he dicho. La paz os dejo; mi paz les doy. Yo no se la doy como el mundo les da. No se turbe vuestro corazón ni tengan miedo. (Juan 14:26, 27 NVI)

Recuerden las palabras que los santos profetas pronunciaron en el pasado, y el mandamiento que dio nuestro Señor y Salvador por medio de los apóstoles. (2 PEDRO 3:2 NVI) El Señor no tarda en cumplir su promesa, según entienden algunos la tardanza. Más bien, él tiene paciencia con ustedes, porque no quiere que nadie perezca, sino que todos se arrepientan. (2 PEDRO 3:9 NVI). Guarda silencio ante el Señor, y espera en él con paciencia. (salmos 37:7 [a] NVI)

Pacientemente esperé a Jehová, y se inclinó a mí, y oyó mi clamor. *Y me hizo sacar del pozo de la desesperación, del lodo cenagoso; puso mis pies* **sobre peña***, y enderezó mis pasos. Puso luego en mi boca cántico nuevo, alabanzas a nuestro Dios. Verán esto muchos, y temerán, y confiarán en Jehová.* **Bienaventurado el hombre que puso en Jehová su confianza.** (salmos 40:1-4) *[Énfasis mío]*

En el nombre de Jesús, Amén."

¿Cómo orar sobre tus finanzas?

Me gustaría animarte a que examines tu vida y te asegures de diezmar y sembrar fielmente tus ofrendas al Señor. Cuando comiences a declarar las siguientes promesas sobre tu vida, te darás cuenta de que el enemigo ha estado tratando de robar tu herencia, como hijo de Abraham y que ya no tienes que vivir en un estado de esclavitud financiera. Sigue los principios de La Palabra y "heredarás la tierra" por el poder de Su Palabra:

> "Traed todos los diezmos al alfolí y haya alimento en mi casa; y probadme ahora en esto, dice Jehová de los ejércitos, si no os abriré las ventanas de los cielos, y derramaré sobre vosotros bendición hasta que sobreabunde. Reprenderé también por vosotros al devorador, y no os destruirá el fruto de la tierra, ni vuestra vid en el campo será estéril, "dice Jehová de los ejércitos". (Malaquías 3:10, 11)

"Ninguna arma forjada contra ti prosperará, y condenarás toda lengua que se levante contra ti en juicio. Esta es la herencia de los siervos de Jehová, y su salvación de mí vendrá, dijo Jehová. (Isaías 54:17)

"Así que sométanse a Dios. Resistan al diablo, y él huirá de ustedes. Acérquense a Dios, y él se acercará a ustedes." (Santiago 4:7, 8 NVI)

"Voy por el camino de la rectitud, por los senderos de la justicia, enriqueciendo a los que me aman y acrecentando sus tesoros." (Proverbios 8:20, 21 NVI)

Gracias Dios por tus promesas: "Yo deseo que tú seas prosperado en todas las cosas, y que tengas salud, así como prospera tu alma." 3 Juan 1:2.

Agradezco que nos llevaste a un lugar de abundancia. (salmos 66:12)

Yo elijo honrar a Jehová con mis bienes y con las primicias de todos mis frutos; (esfuerzos financieros); mis graneros serán llenos con abundancia y los lagares rebosarán de mosto. (Proverbios 3:9, 10) *[Esto está hablando de la promesa de abundancia; no solo tener lo suficiente.]*

Te agradezco que estas enviando una bendición sobre todo aquello en que pongo mis manos y que me bendecirás en la tierra que me estás dando. (Deuteronomio 28:8)

Yo sé que mis ofrendas aumentan el crédito en mi cuenta (Filipenses 4:17) *y que se levantan como una ofrenda fragante, un sacrificio que Dios acepta con agrado* (Filipenses. 4:18) *quien provee todo lo que necesito, conforme a las gloriosas riquezas que tengo en Cristo Jesús.* (Filipenses 4:19 NVI)

El que ayuda al pobre no conocerá la pobreza (Proverbios 28:27)

En el nombre de Jesús, Amén."

Presenta tus peticiones a Dios

"No se inquieten por nada; más bien, en toda ocasión, con oración y ruego, presenten sus peticiones a Dios y denle gracias. Y la paz de Dios, que sobrepasa todo entendimiento, cuidará sus corazones y sus pensamientos en Cristo Jesús." (Filipenses 4:6, 7 NVI)

No tengas miedo de llevar tus necesidades al Señor. Él está preocupado por todos los aspectos de tu vida, ya sean pequeños o grandes. Sé muy específico con tus peticiones y luego pídele al Señor que te abra los ojos para que puedas ver Sus bendiciones cuando lleguen a tu vida.

Cuando Agar fue echada al desierto con su hijo Ismael, *Dios* **abrió sus ojos** *y ella* **vio** *un pozo de agua* (GÉNESIS 21:19); este fue la provisión de Dios. Cuando Abraham iba a sacrificar a Isaac, el hijo de la promesa, el Señor proveyó un sustituto: **Abraham alzó la vista** y, en un matorral, vio un carnero enredado por los cuernos.

(GÉNESIS 22:13 NIV) Mientras el criado oraba por una esposa para Isaac, la Palabra dice, **aún no había terminado de orar,** *cuando vio que se acercaba Rebeca, con su cántaro al hombro.* (GÉNESIS 24:15 NVI) Sin decir una palabra, el hombre estuvo **observándola de cerca** *para ver si el Señor había coronado su viaje con éxito.* (GÉNESIS 24:21)

"Antes que me llamen, yo les responderé; todavía estarán hablando cuando yo los habré escuchado." (ISAÍAS 65:24 NVI)

El Señor está obrando todas las cosas para bien desde el primer día que comienzas a orar. Lee el capítulo 10 de Daniel sobre la gran guerra que se produjo en los cielos para detener la respuesta a sus oraciones durante tres semanas. No te desanimes. Si no desmayas, cosecharás, ya sea que se necesite una semana, un mes o un año para que tus semillas de oración crezcan y se manifiesten.

Lista de Lecturas Referenciadas

¿No Pudiste Quedarte Una Hora?
Dr. Larry Lea

¿Por qué oramos?
Dr. B. J. Willhite

¿Cuánta Fe se Necesita Para Mover la Mano de Dios?
Dr. B. J. Willhite

Productores de Pruebas
Dr. Morris Cerullo

Ayunando
Jentezen Franklin

Los 21 Días de Ayuno
Dr. Bob Rodgers

Fe y Confesiones
Charles Capps

Los Fundamentos del Ministerio de Capellán de Hospicio, Ayuda Práctica para el Nuevo Capellán
John M. Casto, Capellán Certificado por la Junta de Consejo

Un pensamiento final:

... Si has comprado este libro en Amazon y ha marcado una diferencia en tu vida, por favor considera escribir un comentario para animar a otros en su búsqueda de respuestas. ¡Gracias!

Como Orar Por Tus Seres Queridos

www.ingramcontent.com/pod-product-compliance
Lightning Source LLC
Chambersburg PA
CBHW061459040426
42450CB00008B/1415